les Originaux 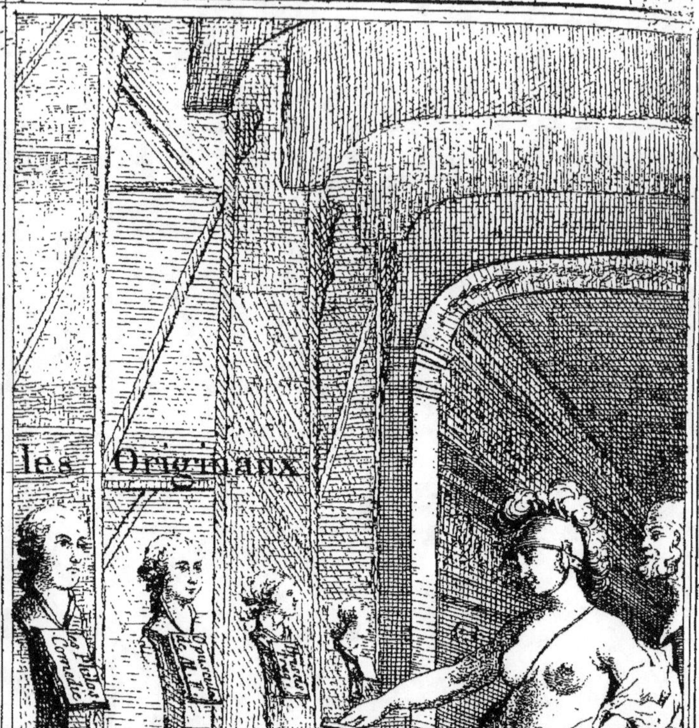
Bon Sens inv.
Juste sculp.
Ne Sobolescant.

LES ORIGINAUX,

OU

LES FOURBES PUNIS,

PARODIE,

SCENE PAR SCENE,

DES PRÉTENDUS

PHILOSOPHES,

COMÉDIE NOUVELLE,

En trois Actes & en Vers.

*Par M. ** d'aucune Académie ni de Société.*

Quid rides? Mutato nomine de te
Fabula narratur.   HORAT. *Sat.* I.

Le prix est de 24 sols.

A NANCY.

M. DCC. LX.

ACTEURS.

DORALISE, veuve.

JULIE, fille de Doralise.

DAPHNIS, Amant de Julie.

STIPOLAS,
RENFOR, } Représentans les Originaux.
TINPISONE,

LISETTE, Suivante de Julie.

SCAPIN, Valet de Daphnis.

M. VENET, Colporteur & Relieur.

M. DUBARTAS ou PASQUIN,
Valet de Stipolas.

La Scene est à Paris.

LES ORIGINAUX,

OU

LES FOURBES PUNIS.

ACTE PREMIER.

SCENE PREMIERE.

DAPHNIS, LISETTE.

DAPHNIS.

N ne veut plus de moi ! Tu badines, Li-
sette.

LISETTE.

Eh ! non, Monsieur : faut-il que je vous le
répete.

DAPHNIS.

Encor, pourquoi ?

LISETTE.

Pourquoi ? Ma Maîtresse le veut.

DAPHNIS.

Et Julie. . . .

LISETTE.

Julie. . . . elle se désespere ;
Et pour ne pas contrarier sa mere,
La pauvre enfant fait plus qu'elle ne peut.

DAPHNIS.

AIR : *Monsieur de Catinat.*
Que je suis malheureux !

LISETTE.

Vous ne sçavez pas tout ;
Dans la science ici nous sommes jusqu'au cou.
Doralise est, Monsieur, un animal changeant ;
Elle ne veut, enfin, pour gendre qu'un Sçavant.

DAPHNIS.

AIR : *De tous les Capucins du monde.*
J'ai donc un rival ?

LISETTE.

Un grand homme,
Que pour un Sçavant on renomme.
Madame l'aime à la fureur :
Elle lui destine sa fille.
Nous voulons de l'esprit, Monsieur,
Mais encor de celui qui brille.

DAPHNIS.

AIR : *Monsieur le Prevôt des Marchands.*
Cet homme a donc beaucoup d'esprit ?

LISETTE.

Il n'en a point tant qu'on le dit.
C'est l'Auteur d'une Tragédie
Qui n'eut pas même de succès.
Il a fait une Comédie,
Où regne un esprit très-mauvais.

DAPHNIS.

AIR : *Nous sommes Précepteurs d'amour.*
Ote-moi vîte d'embarras,
Et dis-moi comment il se nomme ?

LISETTE.

Son nom, Monsieur, est Stipolas.

DAPHNIS.

Oh ! si c'est lui, je connois l'homme.

LISETTE.

Ah ! Monsieur, parlez bas, je vous prie : Madame est folle de ce personnage. Il lui montre à écrire. Si elle sçavoit ce que vous venez de dire, vous seriez perdu sans ressource.

DAPHNIS.

Comment ! C'est donc un Ecrivain ?

LISETTE.

Du plus haut style encore. Depuis que Madame le connoît elle a fait un Livre.

DAPHNIS.

Un Livre ; c'est peut-être une Brochure.

LISETTE.

Je ne sçais ; mais son Livre est bien gros.

DAPHNIS.

AIR : *Tu croyois en aimant Colette.*
La tête tourne à ta Maîtresse ;
Peut-on un travers aussi grand ?
Ne point lui montrer sa foiblesse,
Ce ne seroit pas être franc.

LISETTE.

AIR : *Nous autres bons Villageois.*
Tous vos soins seront perdus ;
On n'en veut plus qu'à la science :
Les discours sont superflus ;
Nous en avons l'expérience.
Stipolas a de grands amis,
Qui sont en ces lieux bien admis.
Mais j'en soupçonne un intriguant,
Quoiqu'il passe ici pour sçavant. *bis.*

AIR : *Ne v'là-t-il pas que j'aime.*

Il se fait nommer Dubartas ;
Mais, ainsi que la peste,
Dès qu'il me voit, il fuit mes pas,
Sans demander son reste.

DAPHNIS.

AIR : *Réveillez-vous, belle endormie.*

Cet homme est de mauvaise augure :
Avec le secours de Scapin,
Nous verrons bien à sa structure,
S'il a la mine d'un coquin.

LISETTE.

AIR : *La bonne aventure, oh ! gué.*

Quoi ! donc, Scapin est ici ?

DAPHNIS.

Oui, belle Lisette.
De vous marier aussi
J'ai cru chose faite.

LISETTE.

Oh ! laissez faire Scapin,
Qui, plus qu'on ne pense est fin ;
Il n'est pas si bête, oh ! gué,
Il n'est pas si bête.

Ce que vous m'apprenez m'encourage : en vous servant, je ne fais point de peine à ma jeune Maîtresse : c'en est fait, pour elle & pour vous,
Je déclare la guerre à ces Originaux.

DAPHNIS.

Ne peux-tu point me faire voir Julie ?
Je te devrois le bonheur de ma vie.

LISETTE.

Justement ; la voici … Ma foi, c'est être heureux!
La fortune vous sert.

DAPHNIS.

Le Ciel comble mes vœux !

SCENE II.

JULIE, DAPHNIS, LISETTE.

DAPHNIS.

Enfin, je vous revois après trois mois d'abfence !
Je vous aime toujours, & n'ai plus d'efpérance.

JULIE.

Vous venez à propos pour calmer mes ennuis.
Daphnis !... je ne fens rien dans la joie où je fuis.

AIR : *Dans ma cabane obfcure.*

Hélas ! que je fuis aife
De vous voir de retour !
Venez-vous tout de braife
Me prouver votre amour.

DAPHNIS.

Adorable Julie,
On traverfe nos feux.
Quoi donc ! on vous marie
A mon rival heureux.

JULIE.

AIR : *Non, je ne ferai pas, &c.*

Ma mere vous aimoit : en vous voyant, peut-être,
Dans fon cœur combattu, l'amitié peut renaître.
Je vous aime Daphnis : allez, c'eft un efpoir
Qui m'eft permis encor....

LISETTE.

Le beau venez-y voir !

AIR : *Comme un oifeau.*

La haine, auprès de votre mere,
Vous dictera ce qu'il faut faire ;

C'eſt ma leçon.
Il faut agir par artifice,
Si vous voulez avoir juſtice.

DAPHNIS.

Elle a raiſon.

JULIE.

Air : *De la Tourriere.*

Mais ſi Stipolas enfin
A ſur vous la préférence :
Concevez tout mon chagrin,
Si je lui donne la main.

DAPHNIS.

Ciel ! quel ſeroit mon malheur !

JULIE.

Daphnis, j'en tremble d'avance.

LISETTE.

Quoi ! tous deux vous avez peur,
Quand il faut montrer du cœur ?

C'eſt en vain que vous vous allarmez : le Notaire n'eſt pas venu ; perſonne n'eſt encore invité ; la journée n'eſt pas achevée , votre rival eſt déteſté de vous & de moi , & vous tremblez tous deux !

JULIE.

Ah ! Liſette !

LISETTE.

Eh bien ! quoi ? Liſette ? que lui voulez-vous ? Elle a tort.

JULIE.

Mais , Liſette , tu parles comme un oracle ; tes raiſons ſont excellentes.

DAPHNIS.

Sçais-tu bien , Liſette , qu'on s'apperçoit

qué tu fréquentes des gens d'efprit ; tu rai-
fonnes jufte.

LISETTE.

Celá n'eft pas étonnant :

On apprénd à heurler, dit l'autre, avec les loups.

Je veux cependant vous rendre fervice....
Vous êtes bien heureufe, Mademoifelle, que
je vous aime.   (à Daphnis.)

AIR : *Non, je ne ferai pas, &c.*

Sans paffer la journée à regarder Madame ;
Il faut ici, Monfieur, plus de fermeté d'ame.
Allez voir Doralife, & rendez-la pour vous.

DAPHNIS.

Je cours m'y difpofer dans un efpoir fi doux.
Adieu, belle Julie.

SCENE III.

JULIE, LISETTE.

LISETTE.

Allons, point de foibleffe.
Penfez à votre haine, & non à la tendreffe.

AIR : *de Joconde.*

Il faut déclarer fans détour
   Pour Daphnis votre flamme :
Vous fentez-vous, dans votre amour,
   Cette fermeté d'ame.
Peignez auffi tous vos mépris
   Pour celui qu'on préfere.

JULIE.

Je ferai tout ce que tu dis.

LISETTE, *feignant de voir Doralise.*

Bon.... voici votre mere.

JULIE, *effrayée.*

AIR : *des Trembleurs.*

Ah ! Lisette !

LISETTE.

       Ah ! quel courage !
Que de foiblesse à votre âge !
Mort de ma vie, j'enrage !

JULIE.

Aussi pourquoi m'étonner ?

LISETTE.

Dans votre effroi je vous laisse.

JULIE.

Pour toi, tu sçais ma tendresse ;
Ah ! Lisette, à ta Maîtresse
Ne sçaurois-tu pardonner ?
L'amour, dans le besoin, nous rendra du courage.

LISETTE.

L'amour ! oui, vous ferez tous deux de bel ouvrage !

JULIE.

Tu verras.

LISETTE, *d'un ton railleur.*

J'y consens, moi....

JULIE.

          Propos superflus !

LISETTE.

Ma foi, voici Madame, & ne badine plus.

SCENE IV.

DORALISE, JULIE, LISETTE.

DORALISE, *un paquet de clefs à la main.*

AIR : *des Folies d'Espagne.*

Retirez-vous, Lifette; & vous, Julie,
Je veux ici vous parler en fecret:
Il y va du bonheur de votre vie....
Lifette, allez fermer mon cabinet.

(Elle lui donne fes clefs.)

SCENE V.

DORALISE, JULIE.

DORALISE.

AIR : *A notre bonheur l'Amour préfide.*

Vous êtes belle, fage Julie;
Vous êtes digne de mes bontés.
Auffi dès ce foir je vous marie;
Ce que je fais, vous le méritez.
Je n'ai point ce fentiment vulgaire,
Ma feule lumiere,
C'eft votre intérêt,
Stipolas eft un garçon habile,
Dont l'efprit docile
Sans doute vous plaît.

JULIE.

Quoi ! ma mere, vous m'aimez, & vous
voulez....

DORALISE.

Votre mere !.... Ne vous déferez-vous ja-
mais de ces préjugés qui ont bercé votre en-
fance ? Je vous aime, mais c'est comme un
Etre : voilà tout.
Et vous concevez bien qu'un autre individu
N'auroit à mes bontés qu'un droit moins étendu.

JULIE.

AIR : *Dans ma cabane obscure.*

Vous n'êtes plus ma mere !
Ne m'êtes-vous plus rien ?
Ce sacré caractere,
Cet auguste lien,
J'ai tout perdu, Madame,
En perdant tous ces droits :
Souffrez que je réclame
Vos bontés & nos Loix.

DORALISE, *furieuse.*

AIR : *Plus inconstant que l'onde.*

A quel propos me tenir ce langage ?
Est-ce ma fille qui me parle ainsi ?
Un pareil discours m'outrage ;
Je veux m'en venger aussi.
Ce mariage
Se fait aujourd'hui.

JULIE.

Daphnis est mon Amant ;
C'est un droit qu'il tient de vous-même.
Ce garçon m'aime
De votre aveu, vraiment.

DORALISE.

AIR : *Non, je ne ferai pas ce qu'on veut, &c.*

J'avois, avec Daphnis, conclu votre hyménée,
A le rompre aujourd'hui, je suis déterminée.

Si je vous donne enfin Stipolas pour époux,
C'est qu'il est un Sçavant digne, en un mot, de vous.

JULIE.

Mais Daphnis autrefois eut l'aveu de mon pere.

DORALISE.

Au bon-homme, il est vrai, que je ne songeois guère.

AIR : *Nous jouiſſons dans nos hameaux.*

Votre pere étoit un Bourgeois
    D'une mince encolure.
Il parloit comme un Iroquois,
    Sans poids & ſans meſure.
Il ne fut jamais maître ici,
    Seule j'étois maîtreſſe.
Il eſt mort enfin, Dieu merci,
    Fort en paix je le laiſſe.

JULIE.

Madame, ſongez-vous....

DORALISE.

       Quoi ! l'on peut ſenſément,
D'un mari qui n'eſt plus, parler très-librement.

Au ſurplus, je n'ai point de leçons à attendre ; & diſpoſez-vous à recevoir, comme vous
le devez, votre futur.

JULIE.

AIR : *Quoi ! vous partez ſans que rien vous arrête.*

Je ne vivrai qu'avec indifférence
Avec l'époux dont vous avez fait choix.
Eh ! quë m'importe, à moi, cette ſcience
Qui deshonore & nos mœurs & nos loix ?
C'eſt outrager un Amant, je le penſe,
Que d'uſurper ainſi ſes plus beaux droits.

DORALISE.

Non, ma fille, Stipolas eſt deſtiné pour vous,
Et même dès ce ſoir il ſera votre époux.

B

JULIE.

Ah ! ciel !

DORALISE.

Air : *du Vaudeville d'Epicure.*

Dans l'âge où l'on commence à vivre,
Tout fait ombrage à notre esprit :
Mais quand vous aurez lû mon Livre,
Vous verrez comme il est écrit :
C'est bien la plus fine critique
De tous les Livres des Sçavans :
Au genre humain je fais la nique ;
C'est un Livre enfin de bon-sens.

Air : *Menuet des Francs-Maçons.*

Pour vous j'ai fait un grand chapitre,
   Sublime & profond :
Aussi je lui donne un beau titre,
   Devoirs tels qu'ils font.
On le trouve plein de génie,
Sur-tout votre Amant Stipolas :
S'il vient, recevez-le Julie,
Lui seul mérite vos appas.

Songez à m'obéir. Adieu , Mademoiselle.

SCENE VI.

JULIE, LISETTE.

JULIE, *fans voir Lifette.*

Ciel ! je perdrois Daphnis ! Dans ma douleur
   mortelle,
Il ne me reste plus , sans doute , qu'à mourir.
   (*Appercevant Lifette.*)
Ah ! Lifette ! . . .

LISETTE.

Un moment, je viens vous secourir.

AIR : *Jeanneton, tout de bon.*

Vivez, Madame, croyez-moi.
On n'est plus de si bonne foi.
Mourir est une dure loi;
  Ce n'est plus un usage.
    Sçavez-vous
    Qu'il est doux
  De vivre à notre âge.

Votre situation me touche ; j'ai tout entendu. Quelle mere ! Sçavez-vous que si cela continue encore long-tems, je ne désespere pas de la voir folle un jour. Ces espèces d'hommes, ces *Originaux* enfin, lui feront tourner la tête. Il faut cependant s'armer de courage.

JULIE.

AIR : *de la Fileuse.*
Je mourrai plutôt, Lisette,
Que d'épouser Stipolas.

LISETTE.

Vous voilà bien inquiette ;
Eh ! mais, il ne vous tient pas.
Restez tranquille & muette ;
Pour Daphnis sont vos appas.

Présumez-vous si peu du succès de mes soins.

JULIE.

Ah ! Lisette !

LISETTE.

Il faut songer à vous affliger moins.

AIR : *Non, je ne ferai pas, &c.*

Laissez faire Lisette, & calmez-vous, Madame :
Vous aurez pour époux l'objet qui vous enflamme,
Quel que soit Stipolas, je le brave en ce jour.
Rien ne peut résister à Scapin, à l'Amour.

Fin du premier Acte.

B ij

ACTE II.

SCENE PREMIERE.

STIPOLAS, PASQUIN *sous le nom de* M. DUBARTAS.

STIPOLAS.

AIR : *Monsieur le Prevôt des Marchands.*

PASQUIN.

M. DUBARTAS.

Tout beau, Monsieur, ce nom
Vous nuiroit dans cette maison.
Vous avez bien peu de mémoire :
Mon nom est ici Dubartas.
Je suis célebre dans l'Histoire,
Ne vous en souvenez-vous pas ?

AIR : *De tous les Capucins du monde.*

Pasquin.... Quel nom pour un Copiste !
Rayez cela de votre liste.
Ne m'avez-vous pas dit cent fois,
Que tous les hommes par nature
Etoient égaux ?

STIPOLAS.

Oui, je le crois.

M. DUBARTAS.

Je suis votre égal.

STIPOLAS.

Je le jure.

M. DUBARTAS.

Ce que vous dites-là, je l'approuve très fort.
Et qui pense autrement doit toujours avoir tort.

Air : *Ton humeur est Catherine.*
Dans son Livre, Doralise
S'étend beaucoup là-dessus.

STIPOLAS.

Ah ! je ris de ta bêtise !
Elle a le cerveau perclus.

M. DUBARTAS.

Son Livre n'est pas si bête.

STIPOLAS.

Il est pitoyable. Hélas !
Tu me fais mal à la tête ;
Ainsi ne m'en parle pas.

M. DUBARTAS.

Air : *M. de Catinat.*
Vous la flattez pourtant du plus brillant succès.

STIPOLAS.

Son Livre n'en est pas pour cela moins mauvais.
Mais je sçaurai placer de ces traits scandaleux,
Qui feront dans son Livre un effet merveilleux.

M. DUBARTAS.

Air : *Je suis pour les Dames, moi.*

Pour moi, Monsieur, je rougirois dans l'ame
De tromper le Public ;
Et Doralise . . . .

STIPOLAS.

Eh ! bien, c'est une femme.

M. DUBARTAS.

Les Loix . . . .

STIPOLAS.

C'est-là le *Hic.*

M. DUBARTAS.

Pour les endroits ajoutés à son Livre,
Pourront vous poursuivre.

STIPOLAS.

Bon !

B iij

M. DUBARTAS.

Pourront vous poursuivre.

STIPOLAS.

AIR : *Non, je ne ferai pas, &c.*

J'ai, pour me consoler, l'exemple de Socrate,
Opprimé, condamné par sa Patrie ingrate.
Le peu que j'ai d'amis parleroit à la fois.

M. DUBARTAS.

Mais, Monsieur, ce Socrate obéissoit aux Loix.

STIPOLAS.

AIR : *Vous me voulez faire chanter.*

De ces préjugés autrefois
  On gardoit l'apparence.
Si nos peres suivoient les Loix,
  C'étoit par ignorance.
Nous n'en voulons plus aujourd'hui.

M. DUBARTAS.

Quoi ! l'on peut tout permettre ?

STIPOLAS.

Excepté contre nous, ami ;
  Tu prends tout à la lettre.

M. DUBARTAS.

Que la science est belle ! Elle nous rend heureux !
Je vous entends, Monsieur : vous dessillez mes yeux.

STIPOLAS.

AIR : *des Folies d'Espagne.*

Sur des rochers, l'homme plein d'ignorance
Avoit placé l'Honneur & la Vertu :
De la Nature ils n'avoient connoissance ;
Et dans ces tems l'homme étoit méconnu.

Sur le second refrein du même Air.

Mais l'intérêt aujourd'hui nous éclaire :
Lui seul nous guide à l'attrait du bonheur.
Voilà, mon cher, tout le fond du mystere,
Et des mortels c'est-là le vrai moteur.

DUBARTAS.

AIR : *Non , je ne ferai pas , &c.*

J'avois quelque regret à tromper Doralife.
Je vois diftinctement que la chofe eft permife.

STIPOLAS.

Saifit l'occafion.

M. DUBARTAS.

Quoi ! férieufement ?

STIPOLAS.

Il s'agit d'être heureux , il n'importe comment.

AIR : *Finiffez donc , Mamfelle Fanchon*

Ma foi, quand on a de l'efprit,
On fçait prendre ,
Quitte à rendre.
Ma foi, quand on a de l'efprit.
Bête eft qui ne s'en fert, & n'en rit.

M. DUBARTAS.

Tout de bon ! c'eft-là votre fcience ?

STIPOLAS.

Oui , nous en avons l'expérience :
Un moment
Enrichit fouvent
Un homme indigent ,
Il n'importe comment.

M. DUBARTAS.

Quoi ! donc, quand on a de l'efprit,
Il faut prendre ,
Quitte à rendre.
Quoi ! donc, quand on a de l'efprit,
Bête eft qui ne s'en fert, & n'en rit.
Procurons-nous par adreffe ,
Dequoi vivre avec richeffe.

*(M. Dubartas fe difpofe ici à fouiller dans la poche
de Stipolas.)*

STIPOLAS, *faisant un geste.*

Tous les biens sont en communs.

M. DUBARTAS.

Mais il est des momens importuns.
Quoi ! donc, quand on a de l'esprit,
Il faut prendre,
Quitte à rendre.
Quoi ! donc, quand on a de l'esprit,
Bête est qui ne s'en sert, & n'en rit.

AIR : *Non, je ne ferai pas, &c.*

Vous ne badinez pas....

STIPOLAS.

En flattant Doralise,
Tu remplis un devoir que l'usage autorise.
Ne faut-il pas flatter, quand on veut plaire aux gens ?
Bien voir ses intérêts, c'est être de bon sens.
La fortune t'appelle, il faut la prendre au mot.

M. DUBARTAS.

Oui, Monsieur.

STIPOLAS.

La franchise est la vertu d'un sot.

M. DUBARTAS, *mettant la main dans la poche de Stipolas.*

AIR : *L'occasion fait le larron.*

Je vous entends....

STIPOLAS.

Et c'est une foiblesse
D'avoir, mon cher, un scrupule éternel.
(*Stipolas surprenant M. Dubartas qui le vole.*)
Mais que fais-tu ?

M. DUBARTAS.

J'employois mon adresse
Pour mon intérêt personnel.

STIPOLAS.

Comment ! vous me volez ?....

M. DUBARTAS.

Vous me l'avez appris,
Monsieur, en me disant que tout étoit permis.

STIPOLAS.

Je n'en disconviens pas. Mais usez de plus
d'adresse ; entendez-vous, Monsieur Pasquin ?
Profitez de cette leçon.

M. DUBARTAS.

Oui, Monsieur....

STIPOLAS.

Je pardonne encor cette sottise.
Songez à me servir auprès de Doralise.

AIR : *Des fleurettes.*

Si j'épouse sa fille,
Je prendrai soin de vous,
Et dans cette famille,
Votre sort fera doux.
Etourdissez ses oreilles
De votre jargon sçavant ;
Employez votre talent
A des merveilles.

AIR : *Non, je ne ferai pas, &c.*

Exaltez son ouvrage, & je vous ferai grace.

DUBARTAS.

Oh ! je veux en parler, Monsieur, avec emphase.

STIPOLAS.

Adieu ; soyez discret, je serai généreux. (*Il sort.*)

SCENE II.

DUBARTAS, *seul.*

Mon premier coup d'essai n'est pas des plus heureux.

Air : *Ne v'là-t-il pas que j'aime.*

Je n'aurai jamais ce talent ;
Pasquin est trop fidele :
Je vois que c'est au second rang
Que le destin m'appelle.

SCENE III.

DORALISE, M. DUBARTAS.

DORALISE, *sans voir M. Dubartas.*

Air : *Prends, ma Philis, prends ton verre.*

Me voilà débarrassée
De tous mes fâcheux parens :
Leurs discours m'ont couroucée,
Ils outrageoient le bon-sens.
Ah ! que j'étois obsédée !
Pas seulement une idée,
Ne m'est venue en ce tems.
Me voilà débarrassée
De tous mes fâcheux parens :
Leurs discours m'ont courroucée,
Ils outrageoient le bon-sens.

(*à M. Dubartas.*)

Bon ! vous voilà, Monsieur ; mon Livre va paroître.
Ecrivons la Préface... J'aurois pourtant besoin
Du fécond Stipolas... Ah ! qu'il tarde à paroître !

M. DUBARTAS.

Il me quitte, Madame ; il n'est même pas loin.

DORALISE.

Air : *Du Pere Barnabas.*

A-t-il parlé de moi ?

M. DUBARTAS.
Madame, avec ivreffe....
De vos Œuvres, ma foi,
Il me parle fans ceffe.

DORALISE, *enthoufiafmée.*
Ce garçon-là fçait vivre.

M. DUBARTAS.
Madame, en vérité,
Il dit que c'eft un Livre
Pour l'immortalité.

AIR: *Brillant Soleil.*
Vous avez donc beaucoup lû
Nos Hiftoriens, Madame.

DORALISE.
Moi, Monfieur, je n'ai rien vû.

M. DUBARTAS.
Quoi !

DORALISE.
J'en jure fur mon ame.

M. DUBARTAS.
Pour *Maupertuis*, *Montefquieu* ....?

DORALISE.
Sont-ce des Livres de femme?

M. DUBARTAS.
Madame, c'eft donc un Dieu
Qui vous infpire en ce lieu !

AIR: *Non, je ne ferai pas, &c.*
Pour *le petit Ecrit fur les grands Philofophes,*
Vous conviendrez....

DORALISE.
D'accord : toutes mes belles ftrophes
Sont prifes dans ce Livre. Oh ! je l'aime à l'excès.

M. DUBARTAS.
Madame, ainfi que lui, je réponds du fuccès.

DORALISE.

Commençons ma Préface.... Ecrivez : *Une Secte....* *
Effacez....

M. DUBARTAS.

  Un Auteur, que beaucoup je respecte,
Madame, a commencé de même.

DORALISE, *avec humeur.*

      On le sçait bien,
Monsieur ; c'est pour cela que ce mot ne vaut rien.

  AIR : *Nina,* ou *Ah ! m'y voilà.*
Je voudrois un tour plus brillant,
  Et je ne trouve rien.... rien.
Qu'écrire est un rude talent !
  Cependant il me vient.... bien !
Si Stipolas étoit ici,
Il en seroit tout ébahi.
   Il lira ça,
   Il me louera :
Ah ! m'y voilà, m'y voilà là.

Vîte, écrivez, Monsieur : *Lis, & tu jugeras.*

M. DUBARTAS.

Quelle fécondité ! Non, je n'en reviens pas.

DORALISE.

Qu'en dites-vous, Monsieur ?

M. DUBARTAS.

    Admirable, Madame !
C'est le ton du sublime ! Il enleve mon ame.
Lis, & tu jugeras !

DORALISE.

    Vous en êtes content ?

M. DUBARTAS.

Si je le suis !... Non, rien ne fut jamais si grand.

DORALISE.

Cela n'est point à la tête d'aucun Livre ;

* Commencement de la Lettre de l'Auteur *des Philosophes*
pour servir de Préface à la Pièce.

c'est du neuf. *Lis, & tu jugeras!* Le Public va
saisir mon Livre avec avidité.

M. DUBARTAS.

Air : *Quand un tendron vient dans ces lieux.*
J'ai certainement de l'esprit ;
  Mais vous seriez mon maître.
Ce Livre dont il est écrit,
  Va vous faire connoître.
Tout l'Univers en parlera,
    L'achetera,
  Et l'on dira, la, la,
Oh ! oh ! oh ! ah ! ah ! ah !
L'excellent Livre que voilà ! là, là.

Madame, si je mens que le diable m'emporte.

DORALISE.

L'expression, Monsieur, me paroît un peu forte.

M. DUBARTAS.

Elle est de *la Fontaine,*

SCENE IV.

DORALISE, M. DUBARTAS, LISETTE.

LISETTE.

Excusez : c'est Daphnis,
Madame.

DORALISE.

Je t'entends.... C'est un de mes amis.

Air : *Quel désespoir.*
  Quel désespoir !
Sans lui, j'achevois ma Préface.
  Quel désespoir !
Non, non, je ne veux pas le voir.

C

LISETTE.

Il le demande en grace....

DORALISE.

J'allois finir la phrafe....

LISETTE.

Que Stipolas la faffe.

M. DUBARTAS.

Il n'eft point en fon pouvoir.

DORALISE.

Quel défefpoir ! &c.

M. DUBARTAS.

L'ouvrage eft fait, Madame. A nos plus grands génies,
Je le donne en dix ans.

DORALISE.

Faites-en cent copies.
Allez chez mon Libraire... Allez, cher Dubartas.
(*à Lifette.*)
Daphnis peut avancer... Pourquoi n'entre-t-il pas?

M. Dubartas fort , & Lifette auffi.

SCENE V.

DORALISE, DAPHNIS.

DORALISE.

AIR : *Du haut en bas.*

Quoi ! de retour,
Daphnis ?

DAPHNIS.

Oui, je reviens, Madame,
A mon amour,
Me plaindre de vous en ce jour.

Vous n'autorifez plus ma flamme :
En quoi fuis-je digne de blâme ?
    A mon retour.

Je fuis plus que jamais amoureux de Julie.

AIR : *de la Fanfare de S. Cloud.*

J'avois l'aveu de fon pere,
Et j'avois le vôtre auffi.
Sans être trop téméraire,
Je le réclame aujourd'hui.
J'ai befoin, dans ma trifteffe,
D'un appui tel que le fien :
Rendez-moi votre tendreffe ;
Je ne veux pas d'autre bien.

D O R A L I S E.

AIR : *De tous les Capucins du monde.*
Ce titre eft affez légitime.
Monfieur, vous aviez mon eftime.
J'ai formé depuis d'autres nœuds,
Dont le charme aujourd'hui m'attire.
Je paffe ainfi des jours heureux,
En m'occupant fans ceffe à lire.

AIR : *Pour la Baronne.*
    Avec des Sages,
Je vis & j'apprends à penfer :
Je fais avec eux des ouvrages,
Et ma fille doit époufer
    Un de ces Sages.

AIR : *Du haut en bas.*
Cette union
Met le comble à mon efpérance :
    Cette union
Vous fait fans doute impreffion.
Ce foir, je fais cette alliance.
Vous n'êtes pas content, je penfe.

D A P H N I S.

Madame, non.

AIR : *du Vaudeville d'Epicure.*
Je ne vois point les avantages
Que procurent tous les Sçavans.
Mais ce sont, dites-vous, des Sages;
Qui dit Sages, dit Charlatans.
Le Vulgaire plein de foiblesse,
De cet appareil est séduit:
Moi, comme ami de la sagesse,
Je fais peu de cas d'un tel bruit.

DORALISE.

AIR : *Monsieur le Prevôt des Marchands.*
Vous ne connoissez pas encor
Messieurs Stipolas & Renfor.
Ce sont des gens que la science
A mis au rang des immortels.

DAPHNIS.

Il faut, Madame, en conscience,
Leur faire dresser des autels.

AIR : *Réveillez-vous, belle endormie.*

Quoi ! ce Renfor est de la clique ?
J'en suis, Madame, un peu surpris.
Cet homme s'est, par sa critique,
Fait ennemi des grands esprits.

AIR : *Non, je ne ferai pas, &c.*

Au Public ignorant seul il en fait accroire.

DORALISE.

Il n'en sera pas moins célèbre dans l'Histoire.

DAPHNIS.

Cet homme n'est rempli que de propos mielleux;
Et je ne trouve en lui rien de miraculeux.

DORALISE.

AIR : *Valet chez une Fermiere.*

Ce Renfor, quoi qu'on en pense,
A la France fait honneur,
Et c'est un excellent Auteur.

DAPHNIS.

Son talent & sa science,
C'est de bien faire un Extrait ;
Mais de lui-même, qu'a-t-il fait ?

DORALISE.

Monsieur, vous avez beau faire,
Ces gens-là sçavent me plaire.
Je sçais fort qu'on en médit :
Mais n'est-ce pas l'ordinaire
D'en vouloir aux gens d'esprit ?

AIR : *Votre cœur, aimable Aurore.*

Ils m'ont appris à connoître
Le faux & la vérité.
Avant je n'étois qu'un être,
Un cahos d'obscurité.
Leur flambeau m'a fait renaître,
Dont mon cœur est enchanté.

AIR : *Non, je ne ferai pas ce qu'on veut, &c.*

Mon esprit éclairé, graces à leur génie,
Voit le monde autrement ; j'en suis toute éblouie :
Et mettant à profit ma sensibilité,
Je ne m'attendris plus que sur l'humanité.

DAPHNIS.

AIR : *Nous jouissons dans nos Hameaux.*

Ma foi, ce mot d'*humanité*
Ne me rend pas crédule.
Tant de fripons l'ont adopté,
Qu'il devient ridicule.
J'ai même vû peu de ces gens,
Qui le prônent sans cesse,
A leurs amis compatissans,
Montrer de la tendresse.

DORALISE.

AIR : *Quand on sçait aimer & plaire.*

Que les Sçavans sont à plaindre !

Que l'esprit a d'ennemis !
Vous êtes pour eux à craindre ;
Il faut l'avouer, Daphnis.

Un d'entr'eux à sa Patrie
Rend un service important ;
Cependant on le décrie
Comme un lâche, un ignorant.
Que les Sçavans, &c.

DAPHNIS.

Sur le troisieme refrein du même Air.
Vous louez la Comédie
Que l'Auteur fit depuis peu,
Où, guidé par la folie,
Il mit les Sages en jeu.   *bis.*

DORALISE.

Que les Sçavans sont à plaindre, &c.

DAPHNIS.

AIR : *Et j'y pris bien du plaisir.*
Pour Renfor, sans la satyre,
Que feroit-il aujourd'hui ?
Tout homme qui veut écrire,
Souvent écrit mieux que lui.
Madame, si son Libraire
Ne le payoit pas comptant,
Dans la plus grande misere
Vous le verriez à l'instant.

DORALISE.

AIR : *A la façon de Barbari, mon ami.*
J'admire ces raisons, Monsieur,
   Dignes de votre cause.
Elles n'ont pas trop de valeur
   Pour prouver quelque chose.
Restez dans votre opinion,
La faridondaine, la faridondon ;
Des Sçavans vous êtes ami,
     Biribi,
A la façon de Barbari, mon ami.

DAPHNIS.

AIR : *Nous sommes Précepteurs d'amour.*

Je vous plains, Madame, en ce jour,
Et votre malheur est extrême.
Ces Messieurs vous joueront un tour,
Digne avorton de leur systême.

Vous ne serez pas la seule personne attrap-
pée par ces Messieurs.

DORALISE.

AIR : *L'occasion fait le larron.*

A penser mieux vous auriez du scrupule :
Restez, Daphnis, dans votre sentiment.
Je le sens bien, votre esprit est crédule,
Et je plains votre aveuglement.

DAPHNIS.

AIR : *M. le Prevôt des Marchands.*

Qui dit crédule, dit un sot,
Voilà l'équivalent du mot.
A mes yeux la chose est fort claire.
Ce ton ne m'effraya jamais.
Je ris, dussé-je vous déplaire,
De tous ceux à qui je déplais.

DORALISE.

AIR : *Nous jouissons dans nos Hameaux.*

Que j'admire votre bon-sens,
Vos talens, vos lumieres !
Je goûte vos raisonnemens
Sur les grandes matieres.
Dans un très-haut éclat, Monsieur,
Votre mérite brille.
Je ne puis faire votre bonheur,
Vous n'aurez pas ma fille.

C'est ainsi qu'en partant, je vous fais mes adieux.

(Elle sort.)

DAPHNIS.

Je ne sçais où j'en suis. Ah ! sortons de ces lieux.

SCENE VI.

DAPHNIS, SCAPIN.

SCAPIN.

Air : *Reçois dans ton galetas.*

Eh ! bien, Monsieur, à vos vœux,
Doralise, se rend-elle ?

DAPHNIS.

Scapin, laisse un malheureux.

SCAPIN.

Quoi ! nous n'époufons pas la Belle !

DAPHNIS.

Non, je suis congédié.

SCAPIN.

Ah ! vous me faites pitié ! *bis.*

Air : *Adieu donc, Dame Françoise.*

Comment donc, nous sçavons plaire,
Nous n'aurons pas le deffus ?

DAPHNIS.

Ces discours sont superflus.

SCAPIN.

Eh ! Monsieur, laissez-moi faire :
Vous vous troublez pour un rien ;
Et je vois plus d'un moyen ;
Votre rival téméraire
Ne s'en trouvera pas bien.

DAPHNIS.

Air : *Ah ! vous dirai-je, maman.*

Mais que faire, cher Scapin,
Pour diffiper mon chagrin ?

SCAPIN.

Il faut enlever Julie.

DAPHNIS.

Que dis-tu ? quelle folie !

SCAPIN.

C'eſt le parti le meilleur,
Pour devenir le vainqueur.

DAPHNIS.

Air : *Sans le ſçavoir.*

Quel outrage pour Doraliſe.

SCAPIN.

Vous la verriez bientôt ſoumiſe.

DAPHNIS.

Mais je n'oſerois plus la voir.
C'eſt me perdre.

SCAPIN.

Eh ! que vous importe ?
Julie eſt ſeule votre eſpoir.
Que d'hymens ſe font de la ſorte !
Sous le miroir.

DAPHNIS.

Air : *Hélas ! maman c'eſt bien dommage.*

Je ne puis me fier à toi.

SCAPIN.

Allons, Monſieur, c'eſt donc à moi
De vous prouver par mon audace,
Que Scapin a quelques crédits.
Je veux à tous ces Beaux-Eſprits,
Devant vous, leur donner la chaſſe.

Air : *Non, je ne ferai pas, &c.*

Que Liſette, avec moi, ſeconde l'entrepriſe.
Vous verrez, à vos vœux, très-ſouple Doraliſe.

DAPHNIS, *avec joie.*

Quoi ! Scapin, je pourrois me repoſer ſur toi.

SCAPIN, *avec emphase.*

Affurément... Julie eft pour vous, ou pour moi.

AIR : *J'aime une ingrate beauté.*

Sçachez que Scapin, Monfieur,
A fervi dans un College,
Un habile Profeffeur,
Dont j'avois le privilege
D'entendre la leçon
Qu'il donnoit à fes Grimes :
C'étoit un bon garçon ;
Mais rempli de maximes.

AIR : *Que je regrette mon Amant.*

Je faifois beaucoup de progrès,
Et je me plaifois à l'étude :
Mon Maître, peu de tems après,
Trouvant ce métier un peu rude,
Se retira dans un Hameau,
Comme un Philofophe nouveau.

AIR : *Rli, rlan, rli, rlan, tambour battant.*

J'ai toujours fort aimé mon Maître ;
Et comme vous êtes le mien,
Mon zèle vous fera connoître,
Monfieur, que je vous aime bien.
J'en veux à ces gens de Science,
Qui moins que nous en ont fouvent :
Rli, rlan, rli, rlan,
Je les menerai d'importance,
Rlan, tanplan, tambour battant.

DAPHNIS.

AIR : *La bonne aventure.*

Ah ! tu me parles en vain.

SCAPIN.

Mais voilà Lifette.

SCENE VII.

DAPHNIS, LISETTE, SCAPIN!

LISETTE, *à Daphnis.*

MONSIEUR, ceſſez ce chagrin:
Ma joie eſt parfaite.

DAPHNIS.

Quoi ! je ſuis au déſeſpoir ?...

LISETTE.

Riez, avant de ſçavoir
La bonne aventure, oh ! gué,
La bonne aventure.

DAPHNIS.

Peut-on aſſommer les gens de la ſorte ? Ah !
Scapin, ſortons.

SCAPIN.

AIR : *Ah ! maman, que je l'échappai belle.*

Il faut rire, Monſieur, tout comme elle :
Nous ſçaurons après
Tout le ſuccès
De la nouvelle.
Allons, rions, Monſieur, tout comme elle ;
Ah, ah, ah, ah, ah,
Pour moi, je ris pour ſçavoir ça.

DAPHNIS.

Cette fille a donc quelque vertige ?

LISETTE.

Non, conſolez-vous,
Ceſſez votre courroux,
Vous dis-je.
Suivez-moi, vous verrez un prodige.

DAPHNIS.

Je te suis.

LISETTE.

Venez.

Que les Amans font fortunés !

SCAPIN.

Il faut rire, Monfieur, tout comme elle ;
Nous fçaurons aprés
Tout le fuccès
De la nouvelle.
Allons, rions, Monfieur, tout comme elle,
Ah, ah, ah, ah, ah,
Pour moi, je ris pour fçavoir ça.

LISETTE.

Viens avec nous, fi tu veux rire plus fort.

Fin du fecond Acte.

ACTE III.

SCENE PREMIERE.

DAPHNIS, LISETTE, SCAPIN.

LISETTE.

AIR : *Un jour que j'avois mal dansé.*

QUE dites-vous de ce billet ?
Je crois qu'il fera son effet.

DAPHNIS.

J'admire ton adresse.

LISETTE.

Craignez-vous encore vos rivaux ?
Ah ! les plaisans originaux !

DAPHNIS.

Ils trompoient ta Maîtresse.

SCAPIN.

AIR : *De tous les Capucins du monde.*

Cet homme a fait une sottise :
Je ris encor de sa méprise.

LISETTE.

Je le guettois depuis long-tems.

SCAPIN.

Son nom ?

LISETTE.

C'est Pasquin qu'il se nomme.
Je sçais qu'il est un de leurs gens.

SCAPIN.

A ce nom j'ai reconnu l'homme.

D

DAPHNIS.

Air : *Du Pere Barnabas.*

Mais qui se chargera
De ce billet, Lisette ?

LISETTE.

Oh ! Scapin le rendra ;
C'est une affaire faite.

SCAPIN.

Toi-même, à ta Maîtresse,
Porte-le tout exprès.

LISETTE.

Oh ! non, point de foiblesse,
Je n'oserai jamais.

SCAPIN.

Air : *Du Confiteor.*

Ni moi non plus.

LISETTE.

C'est que, vraiment,
Il faut le rendre en leur présence.

DAPHNIS.

Sans doute . . . . .

SCAPIN.

Attendez un moment.

LISETTE.

Courage, Scapin . . . .

SCAPIN.

Eh ! silence . . . .
Doralise ne m'a point vû.

LISETTE.

Non, ici tu n'es point connu.

SCAPIN.

Air : *Monsieur le Prevôt des Marchands.*

Donnez-moi vîte ce billet,
Dont vous verrez l'heureux effet.
A Doralise je veux plaire :
Mon projet est des plus nouveaux.
Il faut, pour le bien de l'affaire,
Qu'on chasse ces originaux

LISETTE.

AIR: *Ne m'entendez-vous pas?*

Tâchez de réussir.

SCAPIN.

Oui, ma chere Lisette.
L'affaire une fois faite,
Pourrai-je t'obtenir?

LISETTE.

Tâches de réussir.

AIR: *Second refrain des Folies d'Espagne.*

Je crois qu'on vient ; retirez-vous bien vîte.
Il ne faut pas qu'on vous voye en ces lieux.
C'est l'assemblée.....

SCAPIN, *à Daphnis.*

Allons, prenons la fuite.

DAPHNIS, *à Lisette.*

Tes soins feront le succès de mes vœux.

(*Daphnis & Scapin sortent.*)

SCENE II.

STIPOLAS, RENFOR, TINPISONE, LISETTE.

LISETTE, *leur faisant une profonde révérence,
& une grimace en même-tems.*

AIR: *M. de Catinat.*

Entrez, Messieurs, entrez ; je vais vous annoncer.

(*Elle sort.*)

SCENE III.

LES ORIGINAUX.

TINPISONE, *à Stipolas.*

Ton mariage, ami, commence à s'avancer.

STIPOLAS.

C'est pour ce soir enfin : le Notaire est mandé.

RENFOR.

Pour moi, je suis charmé que ce soit décidé.

TINPISONE.

AIR : *De l'Amour je subis les loix.*

En dépit de tes envieux,
Souffre que je t'en félicite.

RENFOR.

Tu ne pouvois pas faire mieux :
Entre nous, quel est ton mérite ?

TINPISONE.

Les amis ne se cachent rien.

STIPOLAS.

Je sçais que c'est à vos lumieres
Que je dois mes talens...

RENFOR.

Fort bien.
Et tu n'en fais que mieux tes affaires.

TINPISONE.

AIR : *Ton humeur est Catherine.*
La future consent-elle
A t'épouser ?

STIPOLAS.

Non, vraiment.

RENFOR.

Comment donc elle est cruelle ?

TINPISONE.

Elle a peut-être un Amant?

STIPOLAS.

Plus un Rival téméraire
Veut me difputer fon cœur,
Plus Doralife à l'affaire
Montre pour moi de l'ardeur.

RENFOR, *riant.*

AIR : *Non, je ne ferai pas, &c.*

Doralife.... convient que la dupe eft bien bonne.

STIPOLAS.

Que mon hymen s'acheve, & je te l'abandonne.

RENFOR.

Tu vas rouler dans l'or, graces à nos talens.
Tu nous régaleras.

STIPOLAS.

Et même à fes dépens.

RENFOR.

AIR : *Je fuis Madelon Friquet.*

Tu fçais comme j'ai vanté,
Dans mes Ecrits, ta Comédie.
Paris en eft enchanté.

TINPISONE.

L'impreffion l'a dégoûté.

RENFOR.

Elle doit t'avoir rapporté?

TINPISONE, *à Renfor.*

Graces à ton méchant génie.

STIPOLAS.

Ma foi, c'eft la vérité.
Je n'aurois point mérité
D'éloge de cette Folie.

TINPISONE *à Stipolas, lui montrant Renfor.*
Mais tu l'avois confulté;
C'eft pour cela qu'il t'a flatté.

44 ## LES ORIGINAUX,

RENFOR.

AIR: *Dans les Gardes Françoises.*

Après ton mariage,
Je ne viens plus ici.
Pour toi, l'Amour t'engage
D'y prendre quelqu'ennui.

TINPISONE.

C'est bien ce qui le tente.
Il épouse, parbleu,
Dix mille écus de rente ; ...
Pour de l'amour, fort peu.

STIPOLAS.

AIR: *Nous autres bons Villageois.*

Croyez-vous là bonnement
Que mon cœur aime cette fille.
Lorsque j'aurai son argent,
Je la renvoye à sa famille.

RENFOR.

S'aimer, c'est un ton trop Bourgeois.

TINPISONE.

Ce n'est pas la premiere fois,
Que le drôle en a fait autant,
Et c'est une mode à présent.   *bis.*

RENFOR, *à Stipolas.*

AIR: *A notre bonheur l'Amour préside.*

Doralise a-t-elle fait son Livre ?

STIPOLAS.

Il est même achevé d'imprimer.

TINPISONE.

Sans cesse à le lire elle s'enyvre ;
Un jour tu la feras enfermer.

RENFOR.

Au besoin ce trait pourroit suffire ;
Car c'est un délire.

TINPISONE.
Elle est folle, je crois. (*à Stipolas.*)
As-tu lû, dis-moi, ce long chapitre,
Qui même a pour titre :
Critique des Loix.

STIPOLAS.
AIR : *du Vaudeville d'Epicure.*
J'ai trop essuyé cet orage :
Il m'ennuyoit jusqu'à la fin.

RENFOR.
C'est pourtant son meilleur ouvrage :
Dis-moi, le crois-tu de sa main ?

STIPOLAS.
Ami, je crois que tu veux rire.

RENFOR.
Parbleu, je ne plaisante point.

STIPOLAS.
Il est mauvais, jusqu'au délire.

RENFOR.
Tu m'en imposes sur ce point.

AIR : *des Trembleurs.*

Ami, tu devrois te taire ;
Et c'est être téméraire....

STIPOLAS.
Mais je t'en croirois le pere,
Au ton que tu prends ici.

RENFOR.
C'est moi qui l'ai fait sans doute :
Crois-tu que je te redoute ?

STIPOLAS.
Ton esprit est en déroute.

RENFOR, *avec aigreur.*
C'est le tien, petit ami.

TINPISONE, *se mettant entr'eux.*
AIR : *Je suis pour les Dames, moi.*
Allons, la paix, que servent les injures ?

Eh ! Meſſieurs ; s'il vous plaît,
Vous en viendrez à des vérités dures....

STIPOLAS.

Moi ! j'en ris, qui plus eſt.

RENFOR.

L'original ! pour me rompre en viſiere.

TINPISONE.

Ah ! daignez vous taire, ami,
Ah ! daignez vous taire.

AIR : *Nous ſommes Précepteurs d'amour.*

Soyez au moins ici d'accord :
On pourroit très-bien nous entendre.

STIPOLAS.

Moi, j'ai raiſon.

RENFOR.

Je n'ai pas tort.

TINPISONE.

Doraliſe peut nous ſurprendre.

AIR : *M. de Catinat.*

L'eſtime qui toujours devroit nous animer..

TINPISONE.

Il n'eſt pas queſtion ici de s'eſtimer ;
Nous nous connoiſſons tous, & nous n'en impoſons
Que par ces beaux dehors qu'avec ſoin nous gardons.

AIR : *Dans les Gardes Françoiſes.*

Ceſſez votre querelle ;
Meſſieurs, on vient à nous.
Doraliſe .... c'eſt elle ....
N'ayez plus de courroux.

RENFOR.

Faut-il faire paroître
Entre nous de l'humeur ?

STIPOLAS.

Ne faiſons pas connoître
Le fond de notre cœur.

SCENE IV.

DORALISE, LES ORIGINAUX.

DORALISE.

AIR : *L'occasion fait le larron.*

PARDON, Messieurs, je vous ai fait attendre ;
Mais je lisois des ouvrages de vous.
Plus je les lis, moins je puis les comprendre ;
Rien ne me met plus en courroux.

AIR : *Pour passer doucement la vie.*
Messieurs daignez prendre une place...
Eh ! mais, vous voilà Stipolas !
Pour vous il n'est rien que je fasse ;
Le Notaire est même là-bas.

STIPOLAS.

AIR : *Quoi ! vous partez, &c.*
Madame, enfin, l'amitié qui nous lie,
Va s'affermir en formant ces doux nœuds.

DORALISE.

Vous avez fait le bonheur de ma vie,
Et je m'acquitte....

STIPOLAS.

Ah ! vous comblez mes vœux !

DORALISE.

Mais à l'instant, Messieurs, avec furie,
Vous disputiez....

STIPOLAS, *à part ; embarrassé.*

Que dire ! Malheureux !

AIR : *Ton humeur est, Catherine.* (*Haut.*)
Il est vrai...

DORALISE.

Ne puis je apprendre

Ce qui caufoit ce courroux?
Vous parliez à vous faire entendre.

STIPOLAS.

Madame, on parloit de vous.

DORALISE.

Bon !

TINPISONE.

Nous cherchions une femme
Que l'on pût vous comparer:
Je citois *Ninon* *, Madame ;
(*En montrant Stipolas.*)
Monfieur m'a fçu rembarrer.

STIPOLAS, *avec vivacité.*

AIR : *Plus inconftant que l'onde, &c.*

Ninon avoit un efprit admirable ;
Et de fon fiécle elle étoit l'ornement.
   Mais quoiqu'elle fût aimable,
   Madame eft affurément
    Incomparable ;
    J'en fais le ferment.
   Madame a des talens :
  Tout le prouve par fon génie ;
    Qui le dénie
   A perdu le bon-fens.

AIR : *Dans les Gardes Françoifes.*

   Dans ce fiécle, nos peres
   Brilloient à peu de frais ;
   Les riens & les chimeres,
   Tout avoit du fuccès.
   Il faut être pécore,
   Et je fuis en courroux,
   Pour qu'on balance encore
   Entre Ninon & vous.

---

* Mademoifelle de *Lenclos*, fi célebre fous le nom de *Ninon*, dans le fiécle de Louis XIV.

D O R A L I S E, *émerveillée.*
Il fait là mon portrait, mais avec tant de grace,
De finesse & d'esprit, que je suis en extase.

S T I P O L A S.
Avouez donc, Messieurs, que j'ai pleine raison.
  (*à Timpisone.*)
Parbleu, tu me choquois par ta comparaison.

T I N P I S O N E.
  AIR : *Dans nos Hameaux, la paix & l'innocence.*

Ami, j'ai tort, & j'en rougis dans l'ame.

S T I P O L A S.
Ah ! tu conviens de ton absurdité.
Excuses-toi du moins devant Madame.

T I N P I S O N E.
C'est mon devoir . . . .

R E N F O R.
Il n'est pas entêté.

D O R A L I S E, *à Stipolas.*
Vous moquez-vous ; m'a-t-on fait une offense ?
Mais je vois bien que c'est un compliment.
Hélas ! Monsieur, ayez plus d'indulgence ;
Sçachez plutôt vous rendre intéressant.
Mais brisons là-dessus, & changeons de matieres ;
  (*à Renfor.*)
J'aime mieux profiter, Monsieur, de vos lumieres.

  AIR: *Les portraits à la mode.*
Dites-moi ce qui se passe à Paris ?
Paroît-il beaucoup de nouveaux écrits ?
Et que deviennent, de nos grands esprits,
  Les murmures, les querelles ?

R E N F O R.
Les cartes se brouillent plus que jamais :
On se déchire, on devient si mauvais,
Que mes Feuilles en ont plus de succès.

D O R A L I S E.
Vous m'enchantez par ces nouvelles.

AIR : *La beauté sauvage.*
Vos Lettres sont bonnes....

STIPOLAS, *à part.*
Ciel ! quel entretien !

DORALISE.
Et peu de personnes
N'écriroient si bien.

RENFOR.
Je ne suis pas
Dans l'embarras,
Pour bien médire.
Etre méchant,
C'est à présent,
Le ton d'écrire :
J'ai le don d'instruire
Le Peuple ignorant.

DORALISE, *à Stipolas.*
AIR : *Au premier du mois de Janvier.*

Avons-nous quelque nouveauté
Dont le Public soit enchanté ?
Parlez....

STIPOLAS.
Nous n'en protégeons qu'une.
C'est une Comédie.

DORALISE.
Eh ! bien ?

STIPOLAS.
Pour le Théâtre Italien,
Nous voulons faire sa fortune.

DORALISE.
AIR : *Nous autres bons Villageois.*
Ne craignez-vous point aussi
Que l'on en fasse une Critique ?

STIPOLAS.
L'Auteur, Madame, a pour lui
Un Ouvrage périodique.

                                    RENFOR.

RENFOR.

Je veux faire, les premiers jours,
Un bruit à rendre les gens sourds.
Quand la Piece ne vaudroit rien,
J'en parlerai toujours en bien. *bis.*

STIPOLAS.

AIR : *De tous les Capucins du monde.*

Au surplus, nous ferons la guerre,
Si le vieux goût tient au Parterre.

DORALISE.

Enfin , attendrons-nous long-tems
Ce chef-d'œuvre de Comédie ?

STIPOLAS.

Un peu … des soins plus importans…

DORALISE.

Quoi donc ?

STIPOLAS.

C'est qu'on me parodie.

AIR : *du Ballet des Pierrots.*

Certain Auteur veut nous jouer.

RENFOR.

Que prétend faire
Un si grand téméraire ?

TINPISONE.

Il pourroit bien nous baffouer.

DORALISE.

Mais on ne peut que vous louer.

STIPOLAS.

Je ne ris point de cette affaire.

TINPISONE.

De la Cabale excitons la rumeur :
Montrons-nous même aux yeux du Spectateur.

STIPOLAS.

Ou nous parlerons à l'Auteur.

E

RENFOR.

AIR : *Pour la Baronne.*

Laissez-moi faire.

Plus d'une Actrice & d'un Acteur,
Se rendront pour nous, je l'espere ;
Et nous n'en aurons que la peur ;
Laissez-moi faire.

DORALISE.

AIR : *Non, je ne ferai pas, &c.*

C'est bien dit ; & pour moi, Messieurs, je le souhaite...
(*Doralise regardant derriere elle.*)
J'attends mon Colporteur....

TINPISONE.

Il vous rend inquiéte,
Madame ? N'est-ce point ce fripon de Venet ?

DORALISE.

Lui-même....

RENFOR.

Ah ! le voici....

DORALISE.

Mais, il me satisfait.

SCENE V.

DORALISE, LES ORIGINAUX, M. VENET.

DORALISE.

ENTREZ, Monsieur ; m'apportez-vous mes
Livres ? Sont-ils reliés, enfin ?

M. VENET.

Vous les aurez incessamment, Madame ;
il n'y a plus qu'à les couvrir.

DORALISE.

AIR : *M. de Catinat.*

Avez-vous du nouveau ?

M. VENET.

Je ne cours pas après.
Madame, avez-vous lû la Piece de *Zarès.*
C'est une Tragédie assez mauvaise.

DORALISE.

Non . . . .
L'Auteur s'est fait depuis au Théâtre un grand nom.

M. VENET.

AIR : *De tous les Capucins du monde.*

Vous aimez fort la Poësie.

DORALISE.

Oh ! si je l'aime ? A la folie.
Quel est ce Livre ?

M. VENET.

Anacréon,
Traduit par un Auteur moderne :
Sapho, Moschus, Thyrthée & Bion
Y sont.

DORALISE.

Je sçais ce qu'il concerne.

M. VENET.

AIR : *Babet, que t'es gentille.*

Madame, avez-vous vû
L'Histoire intéressante ?

DORALISE.

Ce Livre est inconnu.

M. VENET.

Et mauvais pour la vente.
Il n'est pas trop bon.

RENFOR, *avec aigreur.*

Mon pauvre garçon,
Tu t'y connois, sans doute.

M. VENET, *à Renfor.*
Depuis quatre ans que je l'ai pris,
Il me reste pour mes profits :
Prenez-le pour moitié du prix,
   Monsieur, de ce qu'il coûte ? *bis.*

RENFOR.
Air : *Ton humeur est, Catherine.*

Vas, tu radotes, bon-homme.

DORALISE, *à M. Venet.*
Mais quels sont ces Livres-ci ?

M. VENET.
L'Histoire des Rois de Rome.

DORALISE.
Ce Livre n'est pas fini.

M. VENET.
Cela fait tort au Libraire.

TINPISONE.
Il n'eut pas un grand succès.

M. VENET.
On l'a mis à la Beurriere.

STIPOLAS.
Il n'est pourtant pas mauvais.

DORALISE.
Air : *Dans les Gardes Françoises.*

Avez-vous l'*Ecossaise ?*

M. VENET.
Madame, la voici.

DORALISE.
Que vous me rendez aise !

M. VENET.
Ce Livre est bon aussi.

DORALISE.
On le dit de Voltaire…
Que cet homme écrit bien !

RENFOR.

C'est donc pour le Vulgaire?
Sa Piece ne vaut rien.

M. VENET, *à Renfor.*

AIR : *Comme un oiseau.*

Cela, Monsieur, vous plaît à dire :
A la vendre on ne peut suffire.
    Mais ce n'est rien.
Vous verrez comme il traite un homme,
Que de grand fripon il renomme :
    Vous rirez bien.

DORALISE.

AIR : *Réveillez-vous, belle endormie.*

Je retiens ce Livre & l'achete.
Adieu, Monsieur.

M. VENET.

    Madame, adieu.
Vous me paroissez satisfaite.

DORALISE.

Oui, je la suis.

M. VENET, *à part.*

    Et moi, fort peu.

On ne me paye point ma marchandise !
Cela va mal. Heureusement que je l'ai prise
à crédit ; & si l'on me tourmente pour le paye-
ment, je prendrai un Arrêt de défense : . . .
cela me donnera du tems.

(Il sort.)

E iij

SCENE VI.

DORALISE, LES ORIGINAUX.

DORALISE, *jettant les yeux sur une page de l'Ecossaise.*

AIR : *Un Cordelier d'une riche encolure.*

Que pensez-vous, Messieurs, de cet ouvrage?
Je lis une page ,
Et j'y vois des traits
Qui paroissent bien faits.

R E N F O R.

Vous vous trompez : cette Piece nouvelle
Est un vrai libelle ,
Que les gens d'esprit
Ont tout-à-fait proscrit.

T I N P I S O N E.

AIR : *Vous m'entendez bien.*

On va la jouer aux François ;
Pour eux on l'accommode exprès.

D O R A L I S E.
J'irai la voir ....

R E N F O R.
Madame !

DORALISE, *continuant de lire.*
Eh ! bien ?
Ce que je lis m'enflamme.

R E N F O R.
Y pensez-vous bien ?

DORALISE, *appercevant Lisette.*
AIR : *Non, je ne ferai pas, &c.*
Lisette , que veux-tu ?

SCENE VII.

DORALISE, LES ORIGINAUX, LISETTE.

LISETTE.

C'EST, Madame, un grand homme
Qui veut vous voir.

DORALISE.
Son nom ?

LISETTE.
C'est Scapin qu'il se nomme.

RENFOR.
C'est un Valet !

STIPOLAS.
Scapin ! Je connois ce nom-là.

DORALISE.
Les noms ne me font rien.

STIPOLAS.
Justement, le voilà.

SCENE VIII.

DORALISE, LES ORIGINAUX,
LISETTE, SCAPIN.

SCAPIN, *en robe noire, en rabat, & de grandes
lunettes sur le nez.*

AIR : *du Vaudeville d'Epicure.*

MADAME, vous êtes surprise
De la liberté que je prends.

Votre nom, docte Doralise,
Brille trop parmi les Sçavans.
Pour juger de ce grand mérite,
Qu'on vous donne à plein encensoir,
Je viens vous rendre ma visite,
Si vous voulez la recevoir.

DORALISE.

Air: *M. de Catinat.*

Vous me faites honneur, si vous êtes sçavant.

TINPISONE.

Monsieur ne paroît pas, Madame, un ignorant.

STIPOLAS, *observant Scapin.*

Ces lunettes, Monsieur, vous fatiguent, je crois.

SCAPIN, *fixant les originaux.*

Non, j'en vois mieux les sots qui sont autour de moi.

DORALISE, *aux Originaux.*

Air: *Ah! maman, que je l'échappai belle.*

On démêle à travers sa folie,
Bien du jugement,
Du sentiment.
Et du génie.

RENFOR.

Ce n'est pas, Madame, une folie;
Par tout ce qu'il dit,
On voit bien qu'il a de l'esprit.

LISETTE.

S'il n'en a pas, il en fait paroître.
Vous en jugerez,
Quand vous sçaurez
Quel est son maître.

DORALISE, *à Scapin.*

Monsieur, sans doute, on peut vous connoître.

SCAPIN.

Encore un moment,
Et je ferai le dénouement.

DORALISE.

On démêle à travers sa folie,
Bien du jugement,
Du sentiment
Et du génie.

RENFOR.

Ce n'est pas, Madame, une folie;
Par tout ce qu'il dit,
On voit bien qu'il a de l'esprit.

DORALISE, *aux Originaux.*

Air : *Aye, aye, aye, Jeannette.*

Messieurs, ne voyez vous pas
Que cet homme a beaucoup d'ame?

SCAPIN.

Votre bien a des appas ;
Pour vous, rien ne les enflamme.

DORALISE.

Aye, aye, aye !

LES ORIGINAUX, *ensemble.*

Aye, aye, aye, Madame !
Madame, aye, aye, aye !

STIPOLAS.

Air : *Du Pere Barnabas.*

Ouais, il faut éclaircir
Ce ténébreux myftere.

DORALISE.

Ciel ! qui peut nous venir ?....
Ah ! c'est mon Secrétaire.

SCENE IX.

DORALISE, LES ORIGINAUX, M. DUBARTAS, SCAPIN, LISETTE.

M. DUBARTAS, *en fixant Scapin,*
marque de l'embarras.

Madame, votre affaire
Est terminée enfin....
Et ... Monsieur le Notaire....

DORALISE.
Pourquoi cet air chagrin ?

M. DUBARTAS, *montrant Scapin.*
AIR : *Nous autres bons Villageois.*
Quel est cet original ?

DORALISE.
On ne le connoît pas encore.

M. DUBARTAS, *à Stipolas.*
Nos affaires vont très-mal.
C'est-là, Scapin... Quelle pécore !

STIPOLAS, *aux Originaux.*
Quoi ! c'est le Valet de Daphnis !
Nous sommes perdus, mes amis.

SCAPIN, *d'un ton élevé.*
Parlez haut... Oui, je suis Scapin.
(*à Doralise, en lui montrant M. Dubartas.*)
Et Monsieur, Madame, est Pasquin. *bis.*

DORALISE.

AIR : *Le seul flageolet de Colin.*

Quel est donc ce mystere ? Comment ?....
Une telle imposture.....

SCAPIN.

Lisez ce billet important :
Vous verrez, je vous jure,
Comme on vous trompoit méchamment.

DORALISE.

Je connois l'écriture.

AIR : *Monsieur le Prevôt des Marchands.*

Quoi ! c'est la vôtre Stipolas.....
Tenez.....

SCAPIN, *empêchant qu'on lui rende ce billet.*

Oh ! ne lui rendez pas ;
Madame, lisez, je vous prie.

STIPOLAS, *aux Originaux.*

Nous voilà découverts, amis !

SCAPIN.

Lisez, voyez la fourberie
De ceux qui font les beaux esprits.

DORALISE *lit d'une voix entre-coupée.*

» Ne perds point courage, mon cher Pasquin. Con-
» tinue de flatter cette folle de Doralise sur le Recueil
» d'ordures qu'elle appelle son Livre. C'est une extra-
» vaguante, à qui ton nom sçavant en impose. Tin-
» pisone & sur-tout Renfor viennent de m'envoyer
» un projet excellent pour la faire interdire aussi-tôt
» mon mariage conclu avec sa fille, que je hais autant
» que j'aime son bien. C'est dans ces vues, tu le sçais,
» que je supporte toutes les impertinences & les bê-
» tises atroces de, &c.........«

S C A P I N, *à part.*

Elle n'achevera pas..... Bon ! comme ils
font confternés. (*Haut, à Doralife.*)

Air : *La bonne aventure.*

Les voilà tous interdits :
Voyez leurs figures !

M. D U B A R T A S, *à Scapin.*

Traître !

S C A P I N.

Qu'eft-ce que tu dis ?
Finis tes injures,
Ou je te caffe les os,
Ainfi qu'aux Originaux.

LES O R I G I N A U X, *enfemble.*

La mauvaife augure !

L I S E T T E.

Oh ! gué,
La bonne aventure !

R E N F O R.

Air : *de la Fanfare de S. Cloud.*

Cette aventure eft fâcheufe :
Amis, nous y fommes faits ?

S T I P O L A S.

Dieux ! quelle difgrace affreufe !
Au diable font nos projets.
Mais fortons de cet abîme....

D O R A L I S E.

Non, Meffieurs ; tenez, lifez...
J'étois donc votre victime ?
Reniez, fi vous l'ofez.

Air : *Non, je ne ferai pas, &c.*

Votre air morne & confus fuffit à ma vengeance.
Allez ; d'autres, peut-être, auront moins d'indulgence.

Que

Que vous-avois-je fait pour me traiter ainsi ?
Mais, de vos jours, jamais ne paroissez ici.

STIPOLAS.

AIR : *Laire, la, laire, lan, laire.*

Ah ! malheureux !

M. DUBARTAS.

Maudit Scapin !
Toi seul a fait notre chagrin.
Je m'en vengerai ; laisse faire.

SCAPIN.

Laire la, laire lan laire ,
Laire la, laire lan la.

(Les Originaux sortent.)

SCENE X. & DERNIERE.

DORALISE, JULIE, DAPHNIS, SCAPIN, LISETTE.

DORALISE.

AIR : *Monsieur le Prevôt des Marchands.*

Les voilà donc enfin partis !
Venez, venez, mon cher Daphnis.
Je reconnois mon injustice :
J'ai chassé tous ces malheureux.

DAPHNIS.

A mes vœux êtes-vous propice ?

DORALISE.

Je couronne aujourd'hui vos feux.

J'avois fait venir le Notaire pour votre

E

rival : heureusement que les articles n'étoient
pas encore dressés ! Allons le trouver.

AIR : *Valet chez une Fermiere.*

Reçois , ma chere Julie,
La main d'un fidele Amant,
Qui t'adore aussi tendrement.
A ces gens , à leur folie ,
J'avois tout sacrifié,
Mes devoirs, les loix, l'amitié.
J'avois tort.

JULIE.

Le Ciel prospere
Me rend une aimable mere.
Ah ! tous mes vœux sont remplis !

DAPHNIS.

Vous trouverez, je l'espere,
Moins un gendre, en moi , qu'un fils.

SCAPIN, *à Lisette.*

AIR : *Non, je ne ferai pas, &c.*

Ce que j'ai fait pour toi, t'a prouvé ma tendresse.

LISETTE.

Tiens, reçois donc ma main , pour terminer la Piece.

DORALISE.

Les Fourbes sont punis & chassés de céans ;
Et nous ne vivrons plus qu'avec d'honnêtes gens.

Fin du troisieme & dernier Acte.